Impressum
Verlag: BABADADA GmbH, Nedderfeld 112 , 22529 Hamburg
Geschäftsführer / Verlagsleitung: Harald Hof
Druck: Books on Demand GmbH, In de Tarpen 42, 22848 Norderstedt

Imprint
Publisher: BABADADA GmbH, Nedderfeld 112 , 22529 Hamburg, Germany
Managing Director / Publishing direction: Harald Hof
Print: Books on Demand GmbH, In de Tarpen 42, 22848 Norderstedt

escola

ښوونځی

classe
ټولګی
dividir
تقسیم
186/2
tauler
بورد
pati (de l'escola)
د ښوونځي حویلی
professor
ښوونکی
paper
ورق
escriure
لیکل
estilogràfica
قلم
escriptori
regle
خط کش
llibre
کتاب
estudiant
زده کونکی

bossa
....
کڅوره

estoig
....
د پنسل بکسه

llapis
....
پنسل

maquineta de fer punta
....
پنسل تراش

goma
....
ربړ

bloc de dibuix
....
د رسامۍ پاڼه

dibuix
....
رسامي

pinzell
....
د نقاشی برس

capsa de pintures
....
د نقاشی بکس

tisores
....
قیچي

cola
....
سریښ

quadern d'exercicis
....
د تمرین کتاب

deures
....
کورنی دنده

12

nombre
....
شمیر

2+2

afegir
....
جمع

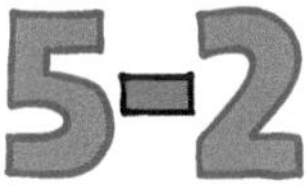

5-2

sostreure
....
منفي

2×2

multiplicar
....
ضرب

calcular
....
حساب

A

lletra
....
توری

ABCDEFG
HIJKLMN
OPQRSTU
VWXYZ

alfabet
....
الفبا

hello

mot
....
کلمه

text

متن

llegir

لوستل

guix

تباشير

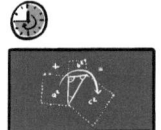

lliçó

درس

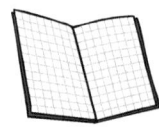

llibre de classe

راجستر

examen

ازموینه

certificat

تصدیق پاڼه

uniforme escolar

د ښوونځي یونیفارم

formació

تعلیم

enciclopèdia

دایره المعارف

universitat

پوهنتون

microscopi

مایکروسکوپ

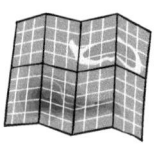

mapa

نقشه

paperera

اشغالدانی

hotel
alberg
ليليه
oficina de canvi
د اسعارو د تبادلې دفتر
maleta
بکس
automòbil
موټر

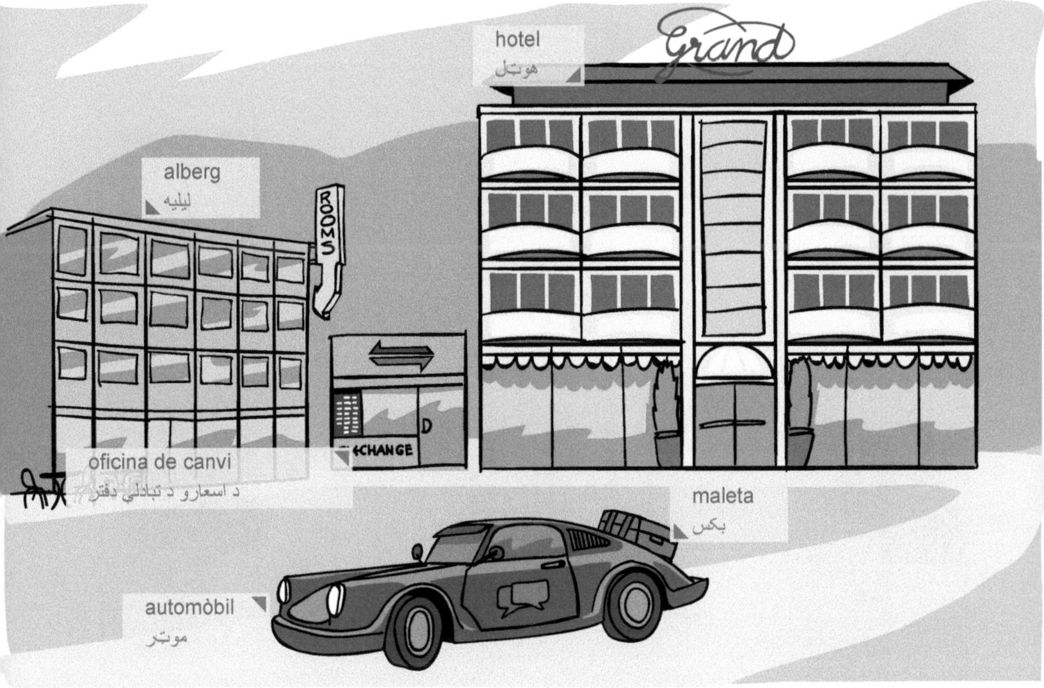

llengua

ژبه

sí / no

هو/نه

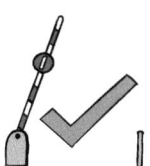

D'acord

سمه ده

Ey!

سلام

traductora

ژباړونکې

gràcies

مننه

Quant costa… ?

څومره دي...؟

No entenc

زه نه پوهيږم

problema

ستونزه

Bona nit!

ماښام مو پخير!

bon dia!

سهار په خير!

bona nit!

شپه په خير!

fins aviat

په مخه مو ښه

direcció

لارښود

bagatge

سامان

bossa

بيک

sarrona

شاتنی بکس

convidat

ميلمه

cambra

خونه

sac de dormir

د خوب کڅوړه

tenda

خيمه

oficina de turisme

....

د توریزم معلومات

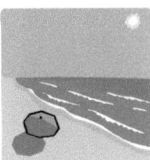

platja

....

ساحل

carta de crèdit

....

کریډیټ کارټ

esmorzar

....

ناری

dinar

....

د غرمې خواړه

sopar

....

د شپې خواړه

bitllet

....

ټیکټ

ascensor

....

لفټ

segell

....

مهر

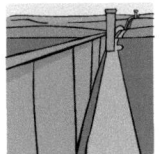

frontera

....

پوله

duana

....

ګمرک

ambaixada

....

سفارت

visat

....

ویزه

passaport

....

پاسپورټ

transport

ټرانسپورټ

vol
الوتکه
vaixell
automòbil dels bombers
د اور ماشین
camió
ټرک
bus
بس
llanxa de motor
موټرکښتۍ
bicicleta
بایک
automòbil
موټر

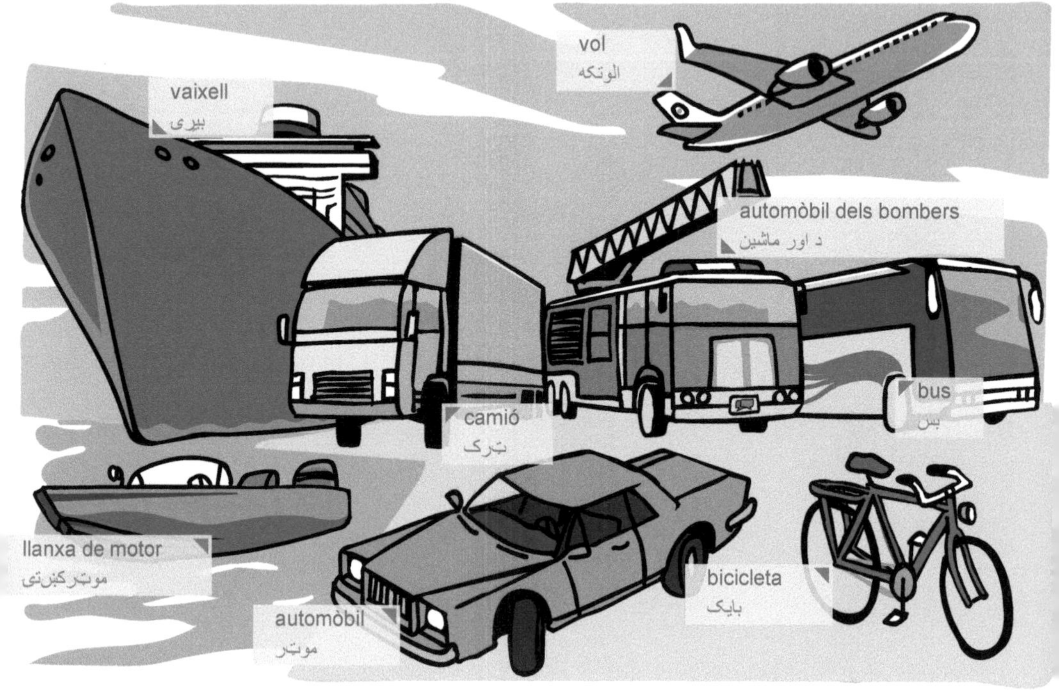

transbordador
کښتۍ

barca
کښتۍ

moto
موټرسایکل

automòbil de policia
د پولیسو موټر

automòbil de curses
د ریس موټر

automòbil de lloguer
کرایی موټر

vehicle compartit

....

د کرایه موټرې

grua

....

جرثقیل لرونکی ټرک

camió de les escombraries

....

ریفیوز ټرک

motor

....

موټر

benzina

....

سونګ توکي

benzineria

....

پټرول سټیشن

senyal de trànsit

....

ترافیکي نښه

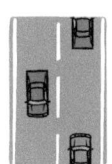

trànsit

....

ترافیک

embús

....

جام ترافیک

aparcament

....

د موټرو تمځای

estació de trens

....

د ریل سټیشن

vies

....

پاټکي

tren

....

ریل

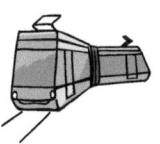

tramvia

....

ټرام

vagó

....

واګون

helicòpter

چورلکه

aeroport

هوايي ډګر

torre

برج

passatger

مسافر

contenidor

کانټينر

capsa de cartó

کارتون

carretó

کارت

cistella

ټوکرۍ

enlairar-se / aterrar

الوتنه کول/کښېناستل

ciutat

ښار

poble

کلی

centre de la ciutat

د ښار مرکز

casa

کور

cinema
سينما

anunci
اعلان

fanal
د کوڅې لاسپ

carrer
کوڅه

taxista
ټيکسي

CINEMA

pedestre
پیاده

quiosc
د خوارو پلورنځی

vorera
پلي لاره

pas de zebra
د سرک څخه تيريدو لاره

galleda d'escombraries
اشغالدانی (لوی)

encreuament
د تيريدو لاره

semàfor
د ترافيک څراغونه

cabana

کودله

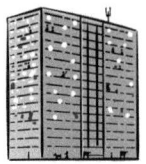

apartament

اپارتمان

estació de trens

د ریل سټیشن

casa de la vila-ciutat

ټاون هال

museu

ميوزيم

escola

ښوونځی

universitat

پوهنتون

banca

بانک

hospital

روغتون

hotel

هوټل

farmàcia

درملتون

oficina

دفتر

llibreria

کتاب پلورنځی

botiga

پلورنځی

floristeria

د ګلانو پلورنځی

supermercat

لوی پلورنځی

mercat

مارکيټ

gran magatzem

د ډيپارټمنټ سټور

peixateria

کب پلورنځی

centre comercial

د پلور مرکز

port

لنګرتون

parc
....
پارک

banc
....
بینچ

pont
....
پل

escala
....
زینه

metro
....
د ځمکي لاندي

túnel
....
تونل

parada d'autobús
....
بس تمځای

bar
....
بار

restaurant
....
ریسټورانټ

bústia de correu
....
پوسټ بکس

senyal indicador
....
د کوڅې نښه

parquímetre
....
د پارک کولو میټر

zoo
....
ژوبڼ

piscina
....
د لامبو حوض

mesquita
....
مسجد

granja

کرونده

pol·lució

ناپاکي

cementiri

هدیره

església

چرچ

parc infantil

د لوبو ډګر

temple

معبد/کلیسا

paisatge

منظره

fulla
پاڼه
cartell indicador
د لارښوونې نښه
camí
لاره
prat
چمن
pedra
کاڼی
excursionista
هیکر
arbre
ونه
riu
سیند
gespa
واښه
flor
ګل

vall

....

دره

muntanya

....

غوندی

llac

....

ناور

bosc

....

ځنګل

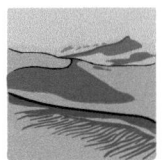

desert

....

دښته

volcà

....

اورشیندی

castell

....

کلا

arc de Sant Martí

....

رنګین کمان

bolet

....

مرخیړي

palmera

....

پلم ونه

moscard

....

ماشي

mosca

....

الوتل

formiga

....

میږی

abella

....

مچی

aranya

....

غوندل/جولا

escarabat

گونګټ

granota

چونګښه

esquirol

نولی

eriçó

زیږکی

llebre

سوی

òliba

ګونګ

ocell

مرغی

cigne

قازه

senglar

نرخوک

cervo

هوسی

ant

ګاوزه

presa

بند

turbina

بادي توربين

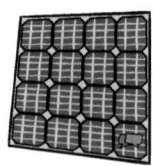

panell solar

سولر تختي

clima

اقليم

cambrer
پیشخدمت
menú
مینو
cadira
sopa
سوپ
pizza
پیزا
coberts
بڼاخې، چاقو، کاشوغه
tovalla
د میز ټوټه

primer plat

ستارټر

plat principal

اصلي خواړه

darreries

شیرني

begudes

څښاک

menjar

خواړه

ampolla

بوتل

menjar ràpid

فاسټ فوډ

menjar de carrer

د کوڅې خواړه

tetera

چای جوش

sucrer

قندانی

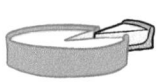

porció

برخه

màquina d'espresso

اسپرسو مشین

trona

لوړه چوکی

factura

رسید

plata

مجمه

ganivet

چاکو

forqueta

پنجه

cullera

قاشق

cullereta

چای قاشق

tovalló

سورویت

got

ګلاس

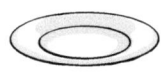

plat

پلیټ

plat de sopa

د سوپ پلیټ

plateret

نالبکۍ

salsa

ساس

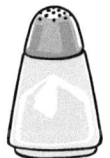

saler

مالګه شیندونکی

molinet de pebre

د مرچ ټکولو لوخی

vinagre

سرکه

oli

غوړي

espècies

مساله

quètxup

کچ اپ

mostassa

شرشم

maionesa

چکه

supermercat

لوی پلورنځی

oferta especial
خانگړی وړاندیز
FOR
client
پیرودونکی
productes lactis
لبنیات
fruites
میوه
carret de la compra

carnisseria

قصابي

forn de pa

نانوایی

pesar

وزن کول

verdures

سبزیجات

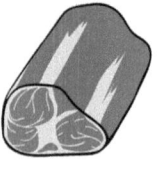

carn

غوښه

menjar congelat

کنگل خواره

carn freda

یخه غوښه

conserves

کنسروا خواړه

detergent en pols

د مینځلو پوډر

dolços

شیریني

articles domèstics

کورني تولیدات

productes de neteja

د پاکولو محصولات

venedora

د پلور فرد

caixa registradora

د نغدي راجستر

caixera

صراف

llista de la compra

د پیرود لیست

horari d'obertura

کاري ساعتونه

portamonedes

بټوه

carta de crèdit

کریډیټ کارت

bossa

کڅوړه

bossa de plàstic

پلاستیک کڅوړه

begudes
څښاک

aigua

اوبه

suc

جوس

llet

شیده

coca-cola

کوک

vi

واین

cervesa

بیر

alcohol

الکول

cacau

ککاو

te

چای

cafè

کافي

espresso

اسپرسو

cappuccino

کپچینو

banana

کیله

poma

مڼه

taronja

نارنج

síndria

هندوانه

llimona

لیمو

pastanaga

گازره

all

هوږه

bambú

بانس

ceba

پیاز

bolet

مرخیړي

avellanes

چغزی

fideus

آش

espaguetis

سپيګټي

arròs

وريجې

amanida

سلاد

patates fregides

چپس

patates fregides

سره کړي کچالو

pizza

پيزا

hamburguesa

همبرګر

entrepà

ساندويچ

escalopa

کټره

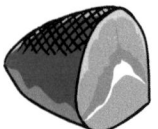

cuixot

د پتون غوښه

salami

سلمي

salsitxa

ساسچ

pollastre

چرګ

rostit

روسټ

peix

کب

flocs de civada

د وربشي شيرني

musli

موسلي

cereals

د جوار پلی

farina

اوړه

croissant

کروسانت

panet

د ډوډی رول

pa

ډوډی

torrada

ټوسټ

bescuits

بسکیټ

mantega

کوچ

mató

چکه

pastís

کیک

ou

هګی

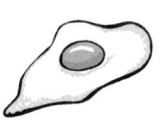

ou fregit

پنړي هګی

formatge

پنير

gelat

آیس کریم

sucre

بوره

mel

شهد

melmelada

مربا

crema de xocolata

نوکات کریم

curri

کورکمان

granja

کرونده

granja
bala de palla
د بوسو ګیډی
graner
غوجل
camp
cavall
اس
remolc
لاس ګاډی
poltre
کوچنی اس
tractor
تریکتر
ase
خر
ovella
پسه
xai
وری

cabra

وزه

vaca

غوا

vedella

خوسکی

porc

خوګ

garrí

د خوګ بچی

bou

غویی

oca

بته

ànec

هيلۍ

poll

چرګوړی

gall

چرګه

gallina

بانګي

rata

سارای موږک

gat

پیشک

ratolí

موږک

bou

غویی

gos

سپی

gossera

د سپي خونه

mànega de regar

د باغ هوز

regadora

د اوبو لوخی

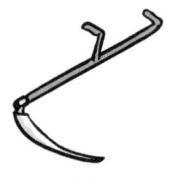

dalla

لور (داس)

arada

یوی

falç

لور

aixada

رمبی

forca

ښاخی

destral

تبر

carretó

کراچۍ

abeurador

ناوه

lletera

د شیدو لوخی

sac

جوال

tanca

کټاره

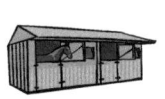

establa

مضبوط

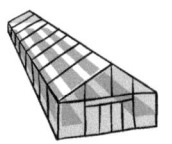

hivernacle

شنه خونه

sòl

خاوره

llavor

تخم

adob

سره/کود

collidora

ګډ ریبونکی ماشین

collir

زیرمه کول

collita

درمند

nyam

خواږه کچالو

blat

غنم

soja

سویا

patata

کچالو

blat de moro o d'indi

جوار

colza

نباتي تخم

arbre fruiter

د میوې ونه

mandioca

مانیوک

cereals

غله

fumera
درغه

teulada
بام

canaló
ناودان

finestra
کړکۍ

garatge
ګراج

campana
د دروازي زنګ

porta
دروازه

galleda de les escombraries
اشغال دانی

bústia de correu
د لیک بکس

jardí
باغ

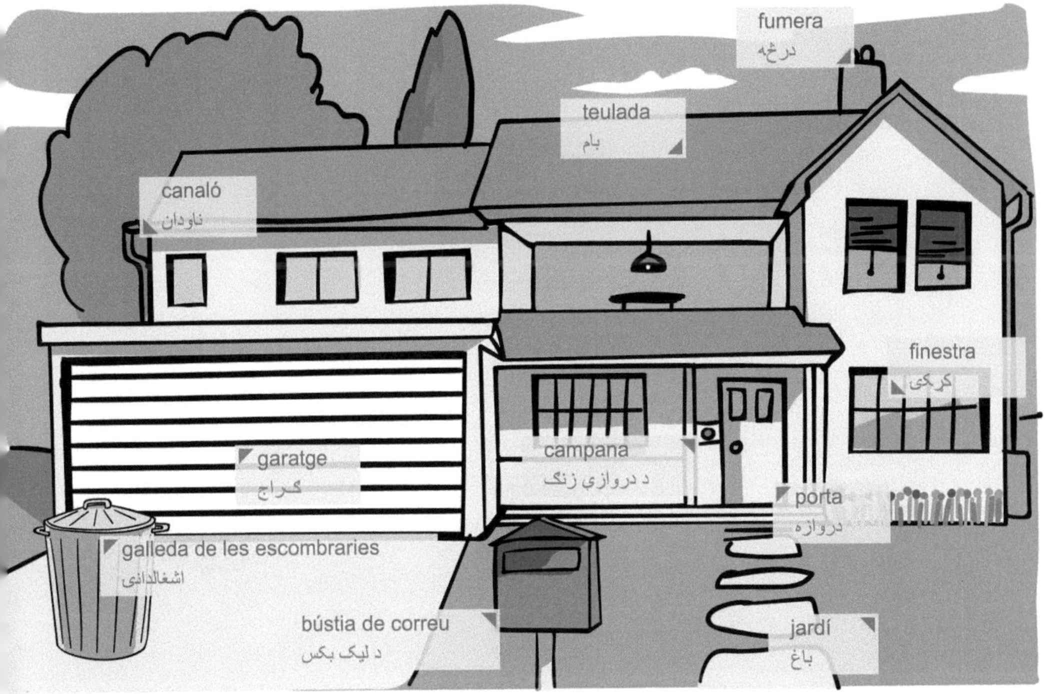

sala d'estar
....
د اوسیدو خونه

bany
....
حمام

cuina
....
پخلنځی

cambra de dormir
....
د ویده کیدو خونه

cambra de nen
....
د ماشوم خونه

menjador
....
د خوارو خونه

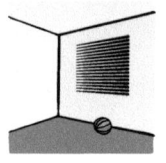

sòl
....
فرش

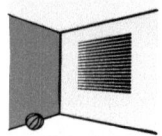

paret
....
دیوال

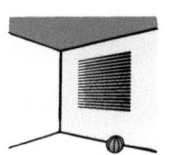

sostre
....
چت

soterrani
....
زیرخانه

sauna
....
سونا

balcó
....
بالکوني

terrassa
....
تراس

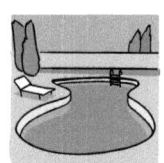

piscina
....
حوض

tallagespa
....
د چمن وهلو ماشین

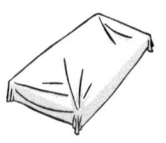

vànova
....
شیټ

cobrellit
....
روجایی

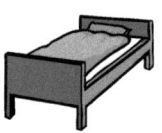

llit
....
تخت

escombra
....
جارو

galleda
....
بوکه

interruptor
....
سویچ

sala d'estar
د اوسیدو خونه

paper de paret
والپیپر
quadre
عکس
làmpada
لامپ
prestatge
شیلف
armari
الماری
televisor
تلویزیون
escalfapanxes
نغری
flor
ګل
coixí
بالښت
sofà
صوفه
gerro
ګلدانی
telecomanda
ریموټ کنټرول

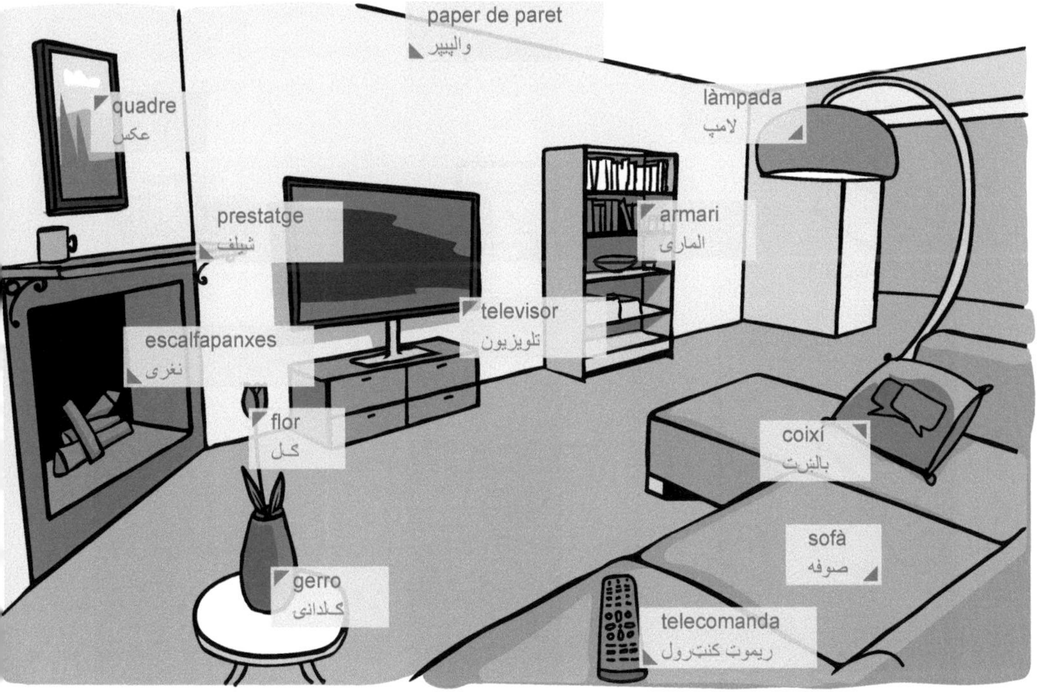

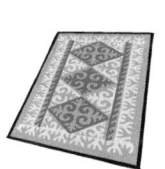

catifa

غالی

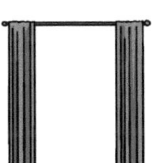

cortina

پرده

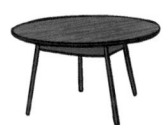

taula

میز

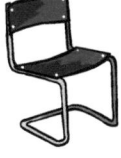

cadira

چوکی

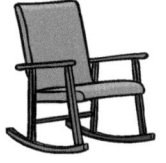

cadira gronxadora

تاویدونکي چوکی

cadiral

بازو لرونکی چوکی

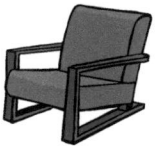

llibre

كتاب

llençol

كمپل

decoració

ډيكوريشن

llenya

د اور لرګي

film

فلم

cadena de música

هايفای

clau

كلي

diari

ورځپاڼه

pintura

نقاشي

cartell

پوستر

ràdio

راډيو

bloc de notes

كتابچه

aspiradora

واكيوم جارو

cactus

كاكتوس

candela

شمع

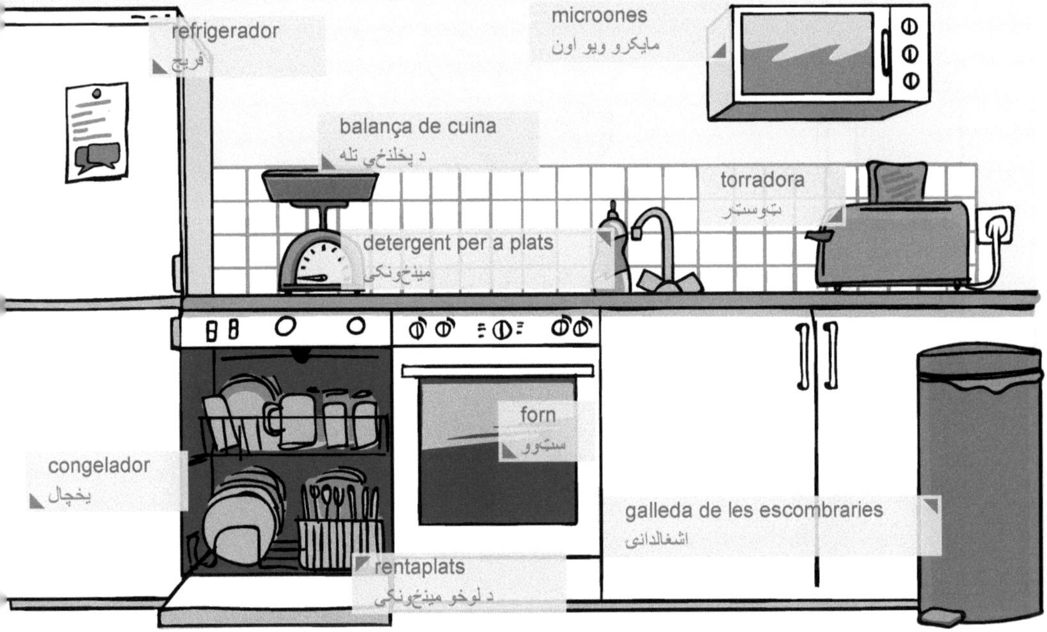

refrigerador
فریج

microoones
مايكرو ويو اون

balança de cuina
د پخلنځي تله

torradora
ټوسستر

detergent per a plats
مينځونكی

forn
سټوو

congelador
یخچال

galleda de les escombraries
اشغالدانی

rentaplats
د لوخو مينځونكی

cuina de fogons

دیگ بخار

olla

لوخی

olla de ferro colat

چدني لوخی

wok / karahi

ووک

paella

د تلی په

bullidor

چای جوش

olla de vapor

د بخار دیګ

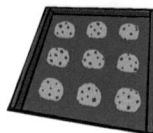

plata de forn

پتنوس

vaixella

لوخي

tassa grossa

مګ

bol

کاسه

bastonets xinesos

د رانیولو اوزار

culler

ځمڅۍ

espàtula

کفګیر

batedor

پاکونکی

colador

صافي

sedàs

غلبیل

ratllador

ګریټر

morter

اونګ

barbacoa

بار بي کيو

foc a terra

خلاص اور

taula de tallar

....

تخته

corró

....

هوارونکی

llevataps

....

کارک سګریو

pot de conserva

....

ټیم

obridor

....

د ټیم خلاصونکی

agafador

....

د لوخي ټوټه

aigüera

....

ظرف شوی

raspall

....

برس

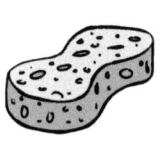

esponja

....

سپنج

batedora

....

بلیندر

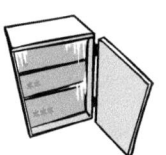

congelador

....

ژور یخچال

biberó

....

د ماشوم بوتل

aixeta

....

نل

bany

حمام

calefacció
تودول
tovallola
جان پاک
dutxa
شاور
cortina de dutxa
د شاور پرده
bany de bombollles
banyera
د حمام ټب
got
rentadora
د مینځلو مشین
aixeta
نل
rajoles
ټایلونه
orinal
یو دول کمود
aigüera
ظرف شوی

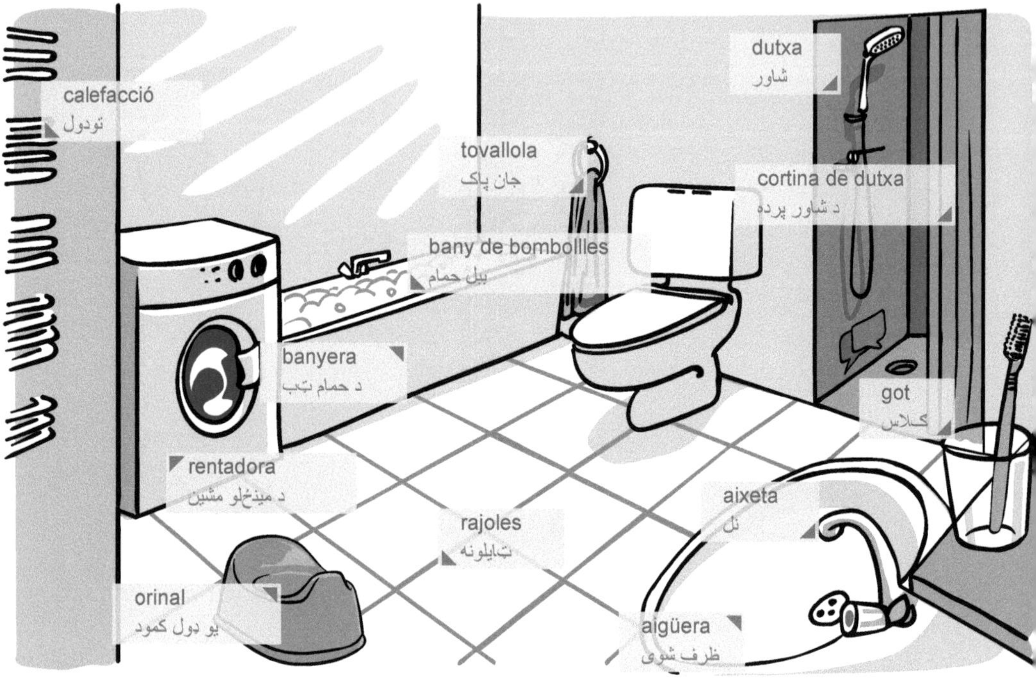

lavabo

تشناب

lavabo turc

فرشي کمود

bidet

کمود

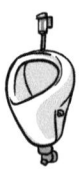

orinador

د متیازو ځای

paper higiènic

تشناب کاغذ

escombreta de sanitari

د تشناب برس

38 bany - حمام

raspall de dents

د غاښونو برس

pasta de dents

د غاښونو کريم

fil dental

د غاښونو نخ

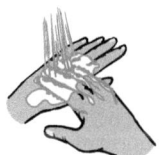

rentar

مينځل

pom de dutxa

لاسي شاور

dutxa íntima

دوش

rentamans

خانک

raspall per a l'esquena

د شا برس

sabó

صابون

gel de dutxa

د شاور ژل

xampú

شامپو

manyopla de bany

فلانل جامه

bonera

وچول

crema

کريم

desodorant

سپری

mirall

....

آینه

mirall-espill de mà

....

لاسي آینه

maquineta de rasar

....

ریزر

espuma de barbejar

....

د خریلو فوم

loció post-rasada

....

د خریلو وروسته

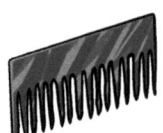

pinta

....

ګمنځ

raspall

....

برس

eixugador

....

د ویښتانو وچونکی

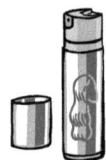

laca

....

د ویښتانو سپری

maquillatge

....

میک اپ

pintallavis

....

لیپ ستیک

esmalt d'ungles

....

د نوکانو پالش

cotó

....

کاټن وری

tallaungles

....

ناخن ګیر

perfum

....

عطر

estoig de bellesa

....

د مېنځلو کڅوړه

tamboret

....

سټول

bàscula

....

د وزن کولو تله

barnús

....

د حمام پوښاک

guants de goma

....

د ربړ دستکش

compresa higiènica

....

ټامپون

compresa

....

صحيي جان پاک

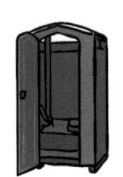

sanitari químic

....

كيميكل تشناب

cambra de nen
د ماشوم خونه

د الارم ساعت
animal de peluix
د لوبو وسایل
auto de joguina
د نانځکي موټر
sonall
ریټل
casa de nines

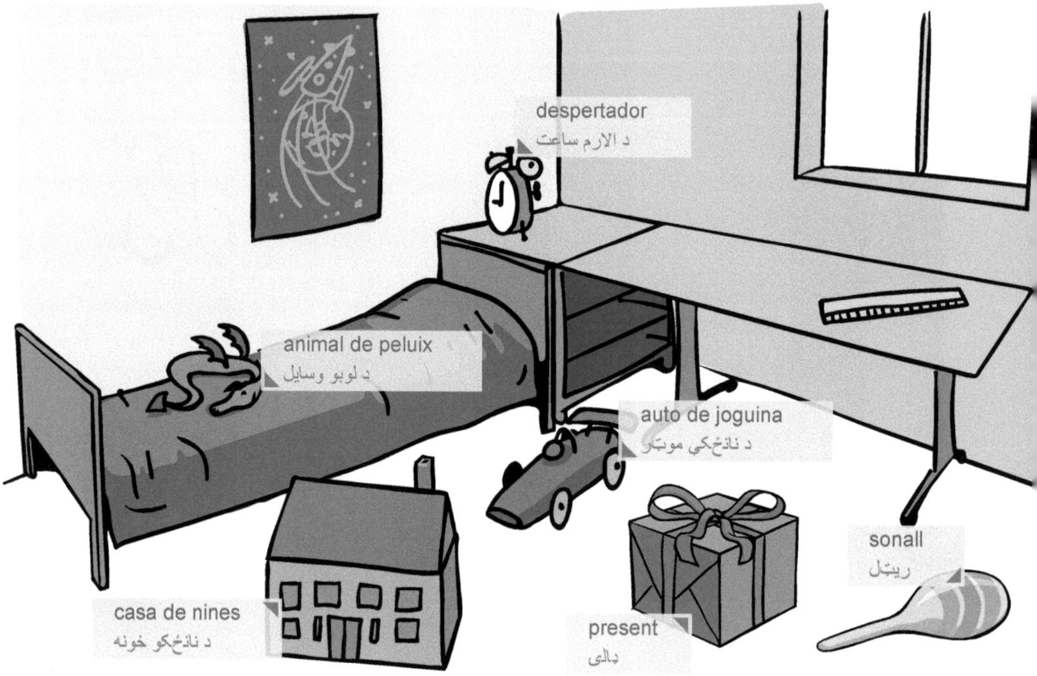

baló

بالون

llit

تخت

cotxet per a nens

کالسکه

joc de cartes

د لوبو ورقي

trencaclosca

جیکسا

historieta

مسخره

peces de lego

....

ليګو بريک

peces de construcció

....

د ناڅخکو بلاک

ninot d'acció

....

د اکشن فيګور

granota

....

د ماشوم پوښاک

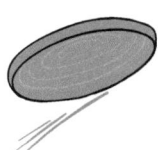

frisbee

....

فريزبي

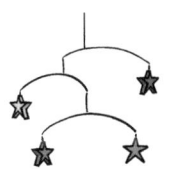

mòbil per a bressol

....

موبايل

joc de taula

....

بورډ لوبه

daus

....

تاس

tren elèctric

....

ماډل ريل سيټ

xumet

....

ګونګشی

festa

....

پارټي

llibre de dibuixos

....

د عکسونو البوم

pilota

....

بال

nina

....

ناڅخکه

jugar

....

لوبيدل

sorrera

د شګو کنده

gronxador

سوینګ

joguines

نانځکي

consola de jocs de vídeo

د ویډیو لوبو کنسول

tricicle

ټرای سایکل

osset de peluix

ګوډکه

armari

د کالو الماری

roba

پوښاک

mitjons

جرابي

mitges

لوړي جرابي

mitja pantaló

ټایټس

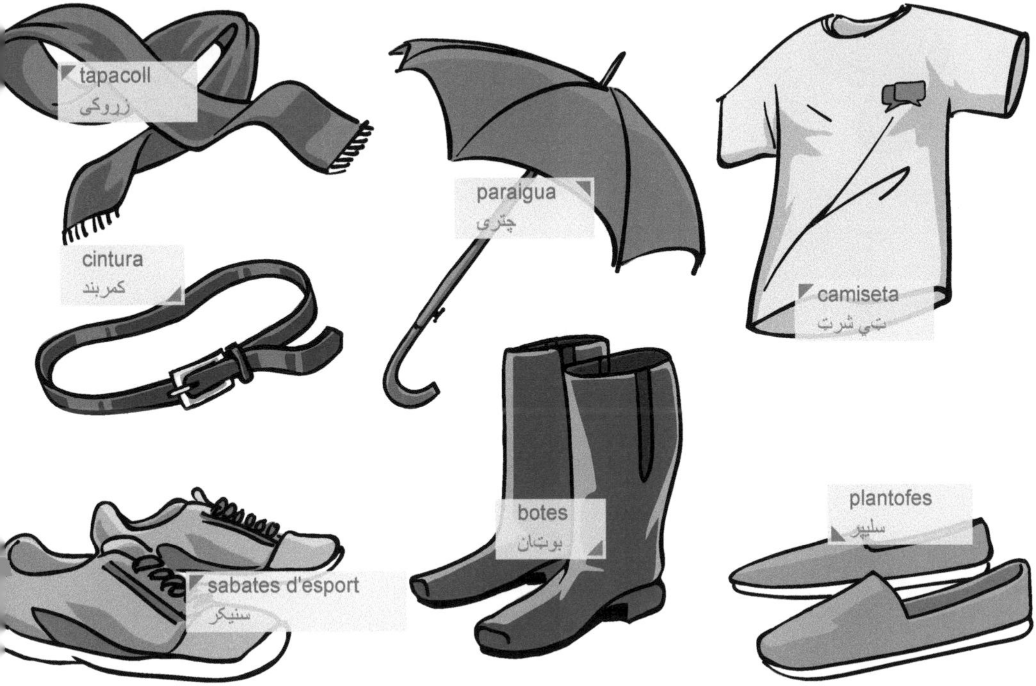

tapacoll
زروکی
cintura
کمربند
paraigua
camiseta
botes
plantofes

sandàlies

سینډل

sabates

بوټان

botes de goma

د ربړ بوټان

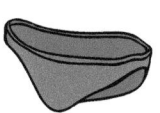

calçonets

زیرنیکري

sostenidor

سینه بند

guardapits

واسکټ

jjustacòs

بادي

pantalons

پتلون

jeans

جينز

faldeta

لمن

brusa

بلاوز

camisa

شرټ

jersei

بنيان

dessuadora

سويټر

blazer

بليزر

jaqueta

جاکټ

mantell

کوټ

impermeable

د باران کوټ

vestit de dona

پوښاک

vestit de dona

کالي

vestit de núvia

د واده پوښاک

vestit d'home

دريشي

camisa de dormir

د شپې پوښاک

pijama

پاجامه

sari

ساړي

mocador de cap

لوپټه

turbant

پټکی

burca

برقه

caftan

كفتن

abaia

عبا

vestit de bany

د لامبو پوښاک

calçon(et)s de bany

نیکر

pantalons curts

شارټ

xandall

د ځغاستې پوښاک

davantal

پیش بند

guants

دستکش

botó

بټن

ulleres

عینک

braçalet

لاس بند

collaret

غاړه کی

anell

گوتمه

orellera

غوږوالی

casquet

خولی

penjador

کوټ بند

capell

خولی

corbata

ټایی

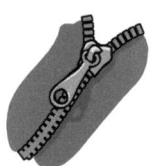

cremallera

ځنځیر

casc

هیلمیټ

elàstics

تړونکی

uniforme escolar

د ښوونځي یونیفارم

uniforme

یونیفارم

pitet

بيب

xumet

ګونګشی

bolquer

نيپي

oficina

دفتر

servidor
سرور
armari arxivador
د دوسیه الماری
impressora
پرينټر
paper
ورق
monitor
مانيټور
ratolí
ماوس
escriptori
ډيسک
arxivador
teclat
کي بورډ
paperera
اشغالدانی
ordinador
کمپيوټر
cadira
چوکی

tassa de cafè

د کافي پياله

calculadora

کالکولیټر

Internet

انټرنيټ

ordinador portàtil

لپ ٹاپ

lletra

لیک

missatge

پیغام

mòbil

موبایل

xarxa

نیٹورک

fotocopiadora

فوٹوکاپیر

programari

سافٹویر

telèfon

تلیفون

presa de corrent

پلگ ساکٹ

fax

فکس مشین

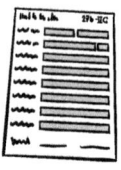

formulari

فارم

document

سند

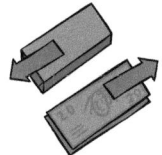

comprar

پیرل

pagar

تادیه کول

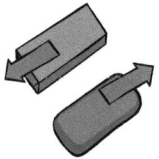

comerciar

سوداګري کول

diners

پیسې

dòlar

ډالر

euro

یورو

ien

ین

ruble

ربل

franc suís

سویسي فرانک

renminbi

رینمینبي یوان

rupia

روپۍ

caixa automàtica

د نغدي پیسو ځای

oficina de canvi

د اسعارو د تبادلې دفتر

or

سره زر

argent

سپین زر

petroli

تیل

energia

انرژي

preu

نرخ

contracte

قرارداد

impost

مالیه

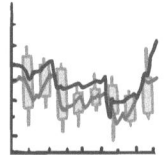

acció

اسهام

treballar

کار کول

treballador

کارمند

empresari

کار ګومارونکی

fàbrica

فابریکه

botiga

پلورنځی

oficis

oficial de policia
د پولیسو افسر
bomber
د اطفایه غړی
cuiner
آشپز
doctora
pilot
پیلوټ

jardiner
باغوان

fuster
نجار

costurera
خیاط

jutge
قاضي

química
کیمیا پوه

actor
د فلم لوبغاړی

conductor d'autobús

د بس ډرایور

taxista

د ټېکسي ډرایور

pescador

کب نیونکی

dona de la neteja

خدمه

ensostrador

بام جوړونکی

cambrer

پېشخدمت

caçador

ښکاري

pintor

نقاش

forner

نانوا

electricista

د برښنا کارکونکی

obrer de la construcció

تعمیر جوړونکی

enginyer

انجنیر

carnisser

قصاب

llanterner

نلدوان

correu

پوست رسونکی

soldat
....
سرتیری

arquitecte
....
مهندس

caixera
....
صراف

florista
....
مالیار

perruquer
....
نایی

revisor
....
کلیندر

mecànic
....
میکانیک

capità
....
کپتان

dentista
....
د غاښونو ډاکټر

científic
....
ساینس پوه

rabí
....
ښاغلی

imam
....
امام

monjo
....
مذهبي نفر

capellà
....
پادري

eines

لوازم

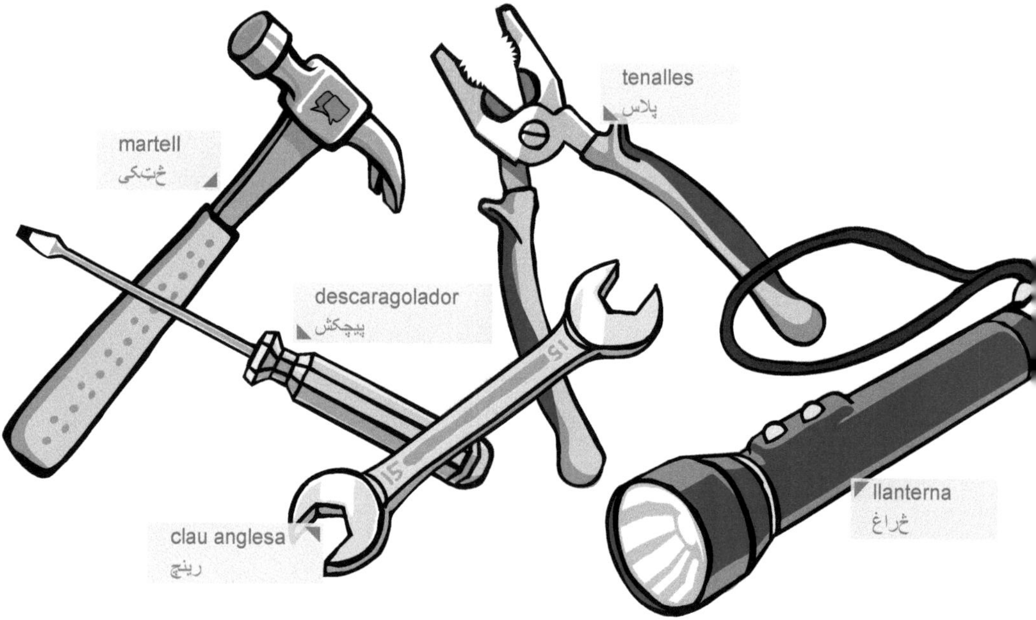

martell
څټکی
tenalles
پلاس
descaragolador
پیچکش
clau anglesa
رینچ
llanterna
څراغ

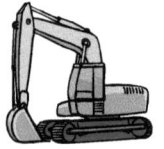

excavadora

کنستونکی

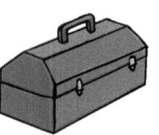

caixa d'eines

د لوازمو بکس

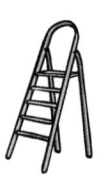

escala

زینه

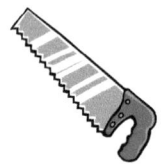

serra

اره

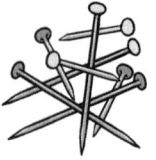

claus

میخونه

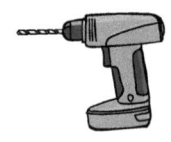

trepant

برمه

reparar

ترمیم کول

pala

بیل

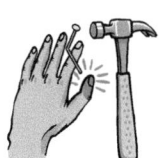

Maleït siga!

لعنت!

pala

خاک انداز

pot de pintura

مشوانی

caragols

پیچونه

instrument de música

د میوزیک آلات

bateria

درم سیت

altaveu

لاوډ سپیکر

contrabaix

کنترباس

trompeta

ترومپیت

guitarra

ګیتار

piano

....

پیانو

violí

....

وایلن

baix

....

باس

timbal

....

نغاره

tambor

....

ډرمونه

teclat

....

کي بورډ

saxofon

....

سیکسافون

flauta

....

شپیلۍ

micròfon

....

مایکروفون

entrada
ننوتو لاره
tigre
gàbia
پنجره
zebra
ګوره خر
aliment per a animals
د ژویو خواره
ós panda
پاندا

animals

ژوی

elefant

هاتي

cangurú

کنګرو

rinoceront

د اوبو اسپ

goril·la

ګوریلا

ós

ایږه

camell

اوښ

estruç

شترمرغ

lleó

زمری

simi

بيزو

flamenc

غزی

papagai

طوطي

ós polar

قطبي ايره

pingüí

پينګوين

ca mari

شارک

paó

طاوس

serp

مار

cocodril

تمساح

guardià del zoo

ژوبڼ ساتونکی

foca

سيل

jaguar

جګوار

poni

یابو

lleopard

پړانګ

hipopòtam

هیپو

girafa

زرافه

àliga

باز

senglar

نرخوګ

peix

کب

tortuga

شمشتی

morsa

سمندري نولی

guineu

ګیدړه

gasela

هوسۍ

futbol americà
امریکایی فټبال

ciclisme
سایکل چلول

tenis
ټینس

bàsquet
باسکیټبال

natació
لامبو

boxa
باکسینګ

hoquei sobre gel
د کنګل هاکي

futbol americà
·················
فټبال

bàdminton
·················
کسیزه

atletisme
·················
د ځغاستی لوبی

handbol
·················
د هندبال

esquí
·················
سکي

polo
·················
پولو

activitats
فعالیتونه

saltar
ټوپ وهل
abraçar
غاړه ورکول
riure
خندل
anar
cantar
سندرې ویل
somiar
خوب لیدل
pregar
عبادت کول
fer un petó
مچو کول

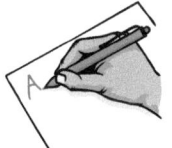

escriure
....
لیکل

dibuixar
....
کښل

mostrar
....
ښودل

pitjar
....
ټېله کول

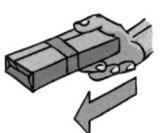

donar
....
ورکول

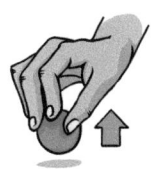

prendre
....
اخیستل

tenir

درلودل

fer

کول

ésser

پاییدل

estar dret

ودریدل

córrer

منډې وهل

estirar

راکښل

llançar

گوزارل

caure

لویدل

jeure

څملاستل

esperar

انتظار کول

portar

وړل

asseure's

کښیناستل

vestir-se

پوښاک اغوستل

dormir

ویده کیدل

despertar-se

پاڅیدل

mirar

کتل

plorar

ژړل

amoixar

برید کول

pentinar

گمنځ کول

parlar

خبري کول

comprendre

پوهیدل

demanar

غوښتل

escoltar

اوریدل

beure

څښل

menjar

خوړل

endreçar

پاکول

estimar

مینه کول

cuinar

پخلی کول

conduir

موټر چلول

volar

الوتل

navegar

بیړۍ چلول

calcular

حساب

llegir

لوستل

aprendre

زده کول

treballar

کار کول

casar-se

واده کول

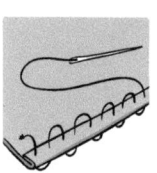

cosir

ګنډل

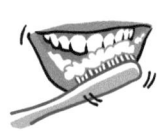

raspallar-se les dents

د غاښونو برس کول

matar

وژل

fumar

سګرټ څښل

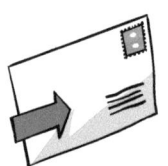

enviar

لیږل

کورنۍ

àvia
avi
pare
mare
مور
nadó
ماشوم
filla
لور
fill
زوی

convidat
میلمه

tia
ترور

oncle
کاکا/ماما

germà
ورور

germana
خور

front
تندی
ull
espatlla
اوږه
dit
ګوته
cara
barbeta
زنه
mà
لاس
pit
سینه
cama
braç
مټ

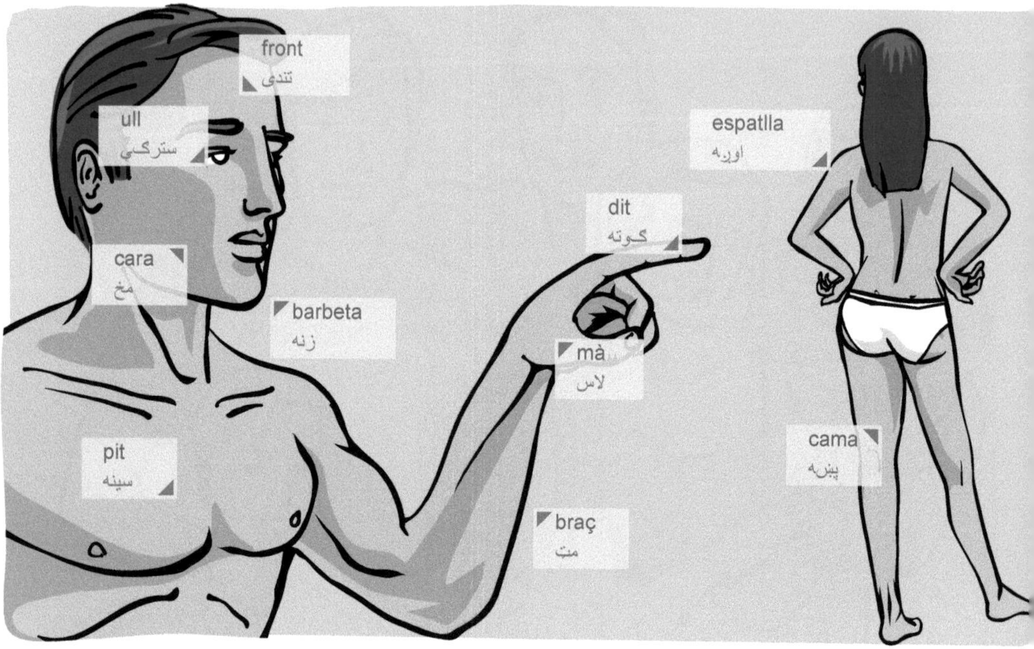

nadó

ماشوم

home

سړی

dona

ښځه

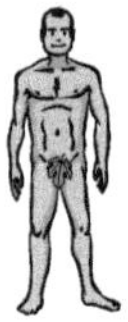

noia

انجلۍ

noi

هلک

cap

سر

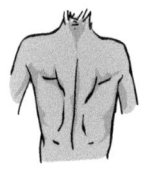

esquena

شا

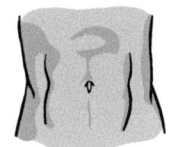

panxa

خېټه

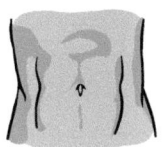

melic

نوم

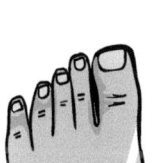

dit gros del peu

د پښې ګوته

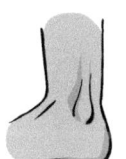

taló

پونده

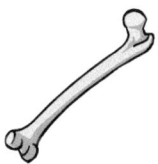

os

هډوکی

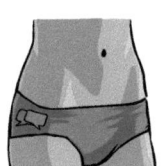

maluc

کوناټی

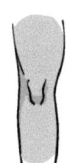

genoll

زنګون

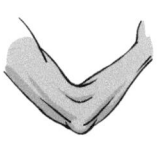

colze

څنګل

nas

پوزه

cul

لاندې برخه

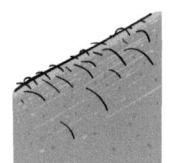

pell

پوټکی

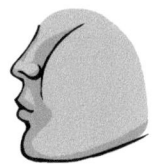

galta

غومبوری

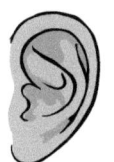

orella

غوږ

llavi

شونډه

boca

خوله

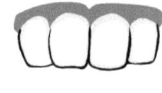

dent

غاښ

llengua

ژبه

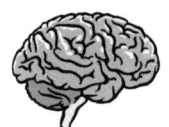

cervell

مغز

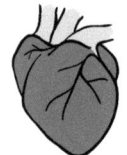

cor

زړه

múscul

عضله

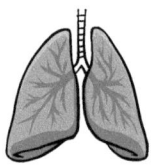

pulmó

سږی

fetge

ځيګر

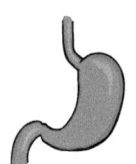

estómac

معده

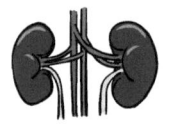

ronyó

پښتورګي

relació sexual

جنسي نږدې والی

preservatiu

کانډوم

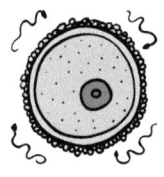

ovari

تخمه

semen

مني

prenyat

حمل

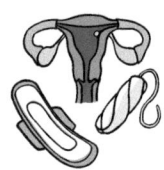

menstruació
....
حيض

vagina
....
مهبل

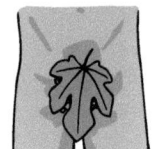

penis
....
د نارينه تناسلي آله

cella
....
وروځی

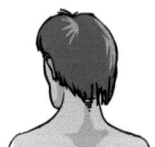

cabells
....
ويښته

coll
....
غاړه

hospital
روغتون

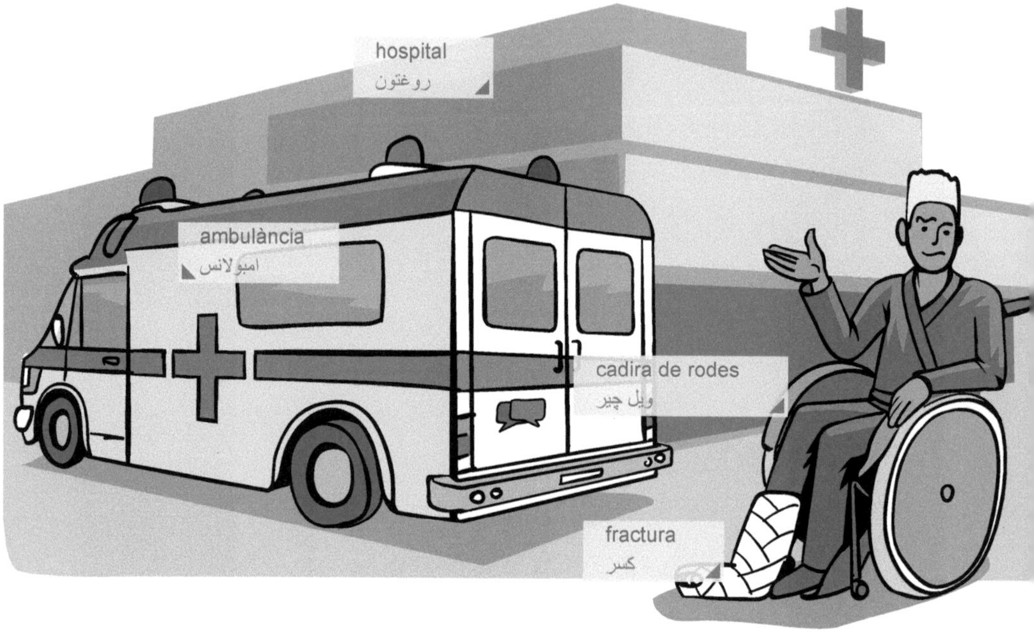

ambulància
امبولانس
cadira de rodes
ویل چیر
fractura
کسر

doctora

ډاکټر

sala d'urgències

عاجل خونه

infermera

رنځورپال

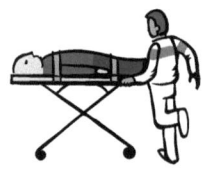

urgència

عاجل

inconscient

بې هوش

dolor

درد

ferida

ټپ

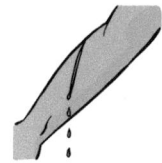

sagnament

وينه توېدل

atac de cor

د زړه حمله

apoplexia

ضرب

al·lèrgia

حساسيت

tos

ټوخی

febre

تبه

gripa

انفلوينزا

diarrea

نس ناستی

mal de cap

سر درد

càncer

سرطان

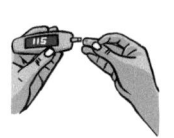

diabetis

شکر

cirurgià

جراح

escalpel

سکالپل

operació

عمليات

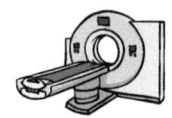

tomografia computada (TC), TAC

سي‌ټي

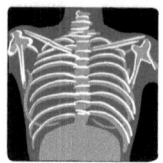

raigs x

ایکس ری

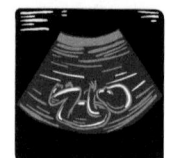

ultrasò

الټراساونډ

mascareta

د مخ ماسک

malaltia

ناروغي

sala d'espera

انتظار خونه

crossa

امسا

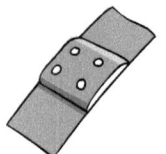

tireta

پلستر

embenat

بنداژ

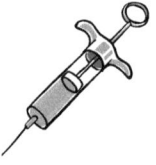

injecció

تزریق

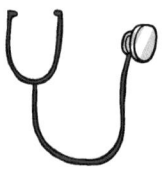

estetoscopi

ستاتسکوپ

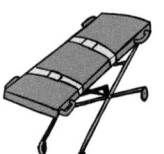

llitera

تسکیره

termòmetre clínic

کلینکي ترمامیټر

pariment

زیږون

sobrepès

زیات وزن

aparell auditiu
....
د اوریدو مرسته

desinfectant
....
د عفونیت څخه پاکونکي مواد

infecció
....
عفونیت

virus
....
ویروس

VIH / SIDA
....
ایچ.آی.وي/ایډز

medicina
....
درمل

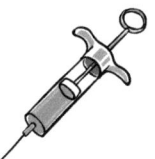

vaccí
....
واکسین

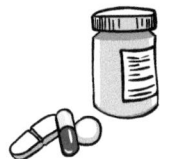

comprimits
....
ټابلیټس

píl·lola
....
ګولۍ

trucada d'urgència
....
عاجل تلیفون

tensiòmetre
....
د وینې د فشار څارونکی

malalt / sà
....
ناروغ/روغ

urgència

عاجل

Socors!

مرسته!

alarma

الارم

assalt

یرغل

atac

برید

perill

خطر

sortida-eixida d'urgència

عاجل لاره

Foc!

اور!

extintor

د اور وژونکی

accident

پیښه

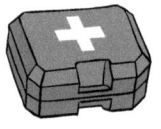

farmaciola de primers auxilis

د لومړی مرستې لوازم

SOS

ایس.او.ایس

policia

پولیس

Europa
اروپا

Amèrica del Nord
شمالي امریکا

Amèrica del Sud
سهیلي امریکا

Àfrica
افریقا

Àsia
آسیا

Austràlia
آسټرلیا

Atlàntic
اتلانتیک

Pacífic
پاسیفیک

Oceà Índic
د هند بحر

Oceà Antàrtic
جنوبي منجمد بحر

Oceà Àrtic
د شمال قطب بحر

pol nord
شمالي قطب

pol sud

سهيلي قطب

Antàrtida

انټارکټيکا

terra

ځمکه

país

ځمکه

mar

بحر

illa

ټاپو

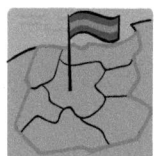

nació

ملت

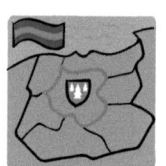

estat

دولت

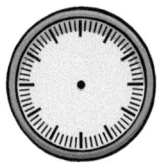

rellotge

ساعت

quadrant

د مخي ساعت

agulla de les hores

د ساعت ستنه

agulla dels minuts

د دقيقي ستنه

agulla dels segons

د ثانيې ستنه

Quina hora és?

څه وخت دی؟

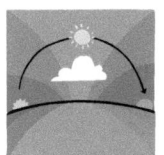

dia

ورځ

temps

وخت

ara

اوس

rellotge digital

ډیجیټل ساعت

minut

دقيقه

hora

ساعت

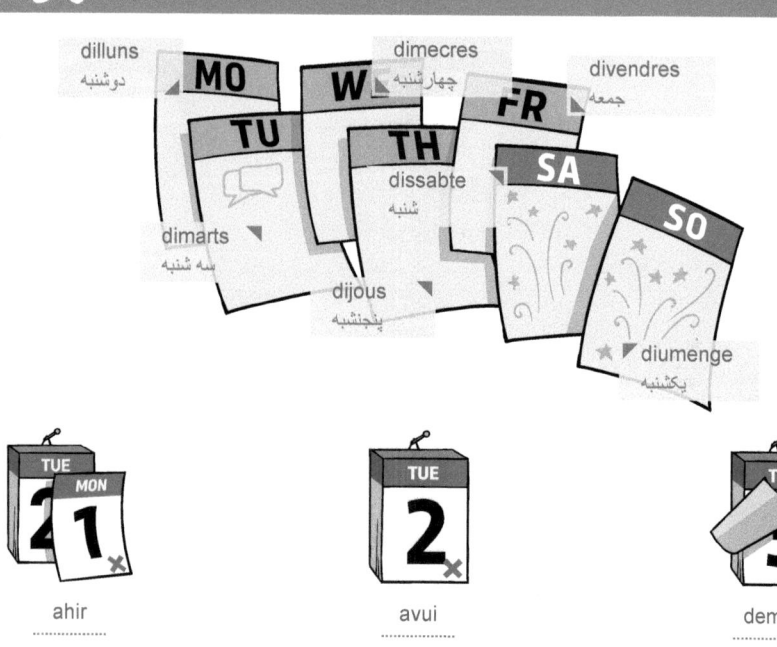

dilluns
دوشنبه

dimecres
چهارشنبه

divendres
جمعه

MO
W
FR
TU
TH
SA
SO

dimarts
سه شنبه

dissabte
شنبه

dijous
پنجشنبه

diumenge
یکشنبه

ahir

پرون

avui

نن

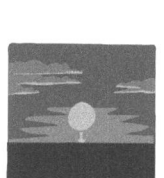

demà

سبا

matí

سهار

migdia

غرمه

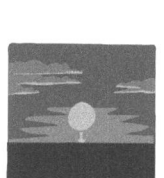

tarda

ماښام

MO	TU	WE	TH	FR	SA	SU
1	2	3	4	5	6	7
8	9	10	11	12	13	14
15	16	17	18	19	20	21
22	23	24	25	26	27	28
29	30	31	1	2	3	4

dia feiner

كاري ورځی

MO	TU	WE	TH	FR	SA	SU
1	2	3	4	5	6	7
8	9	10	11	12	13	14
15	16	17	18	19	20	21
22	23	24	25	26	27	28
29	30	31	1	2	3	4

cap de setmana

د اونۍ پای

any
کال

pluja
باران
arc de Sant Martí
رنګین کمان
neu
واوره
vent
باد
primavera
پسرلی
tardor
مني
estiu
اوړی
hivern
ژمی

4.APRIL 11°
5.APRIL 4°
6.APRIL 13°
7.APRIL 8°
8.APRIL 10°

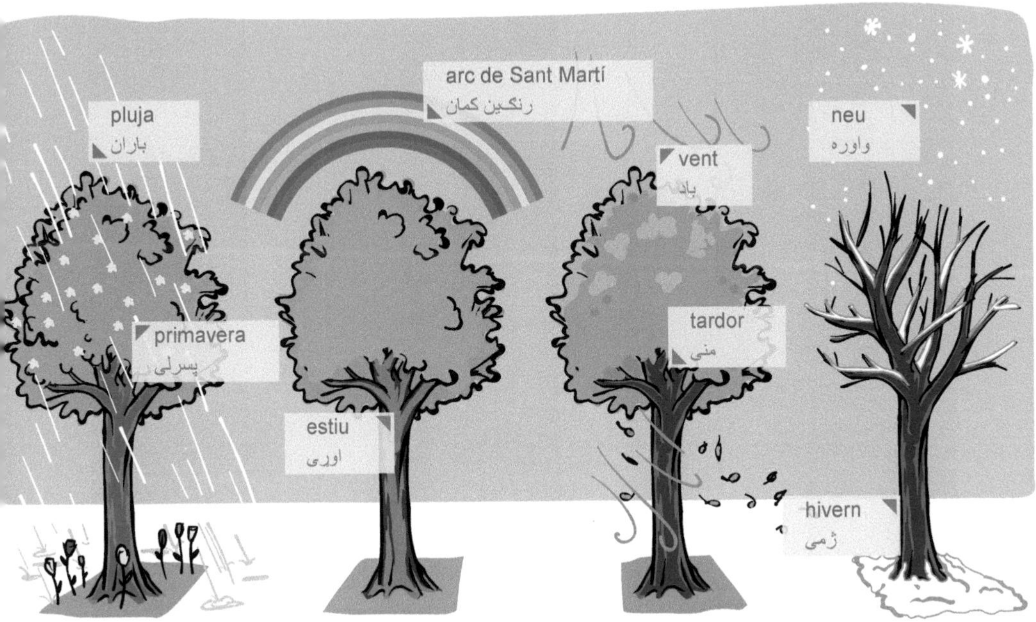

pronòstic del temps
د موسم وړاندوینه

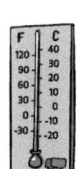

termòmetre
ترمومیټر

llum del sol
د لمر وړانګې

núvol
وریځ

boira
لړه

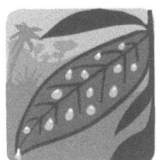

humiditat de l'aire
رطوبت

llamp

رڼا

tro

تندر

tempesta

توفان

calamarsa

ږلۍ وريدل

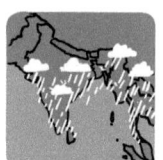

monsó

مون سون باران

inundació

سيلاب

gel

يخ

gener

جنوري

febrer

فبروري

març

مارچ

abril

اپریل

maig

مۍ

juny

جون

juliol

جولای

agost

اګست

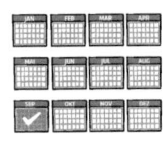

setembre

سپتمبر

octubre

اکتوبر

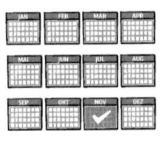

novembre

نومبر

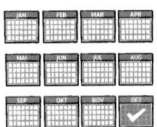

desembre

دسمبر

formes

شکلونه

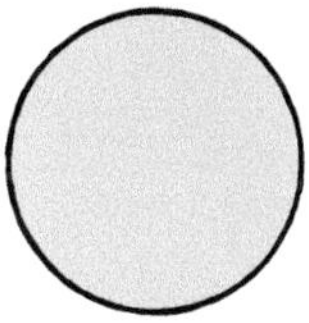

cercle

دایره

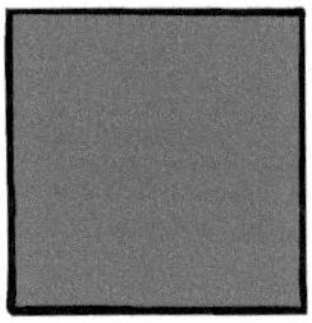

quadrat

مربع

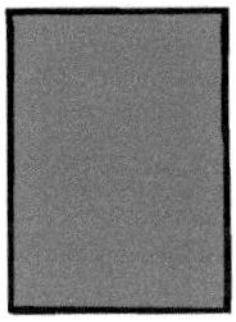

rectangle

مستطیل

triangle

مثلث

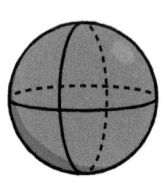

esfera

توپ

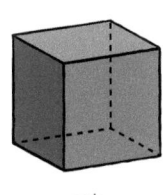

cub

فال

colors

رنګونه

blanc

سپین

groc

ژیړ

taronja

نارنجي

rosa

ګلابي

vermell

سور

lila

ارغواني

blau

نیلي

verd

شین

marró

نسواري

gris

خړ

negre

تور

molt / poc

....

خورا ډیر/خورا لږ

emprenyat / tranquil

....

قار/ارام

bonic / lleig

....

ښکلی/بدشکله

començament / fi

....

پیل/پای

gran / petit

....

لوی/کوچنی

clar / fosc

....

روښانه/تیاره

germà / germana

....

ورور/خور

net / brut

....

پاک/ککړ

complet / incomplet

....

مکمل/نامکمل

dia / nit

....

ورځ/شپه

mort / viu

....

مړ/ژوندی

ample / estret

....

پراخه/نری

comestible / immenjable

د خوراک وړ/نه خوړل کېدونکی

dolent / amable

بد/مهربان

entusiasmat / entediat

پارېدلی/بې خونده

gros / prim

چاق/وچ

primer / darrer

لومړی/وروستی

amic / enemic

ملګری/دښمن

ple / buit

ډک/تش

dur / tou

سخت/نرم

pesant / lleuger

درونډ/سپک

gana / set

لوږه/تنده

malalt / sà

ناروغ/روغ

il·legal / legal

غیرقانوني/قانوني

intel·ligent / ximple

هوښیار/ساده

esquerra / dreta

کیڼ/ښي

prop / llunyà

نږدې/لرې

nou / usat

....

نوی/زوړ

res / quelcom

....

هیڅ/یوڅه

vell / jove

....

بډا/ځوان

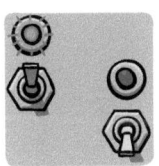

encès / apagat

....

چالان/بند

obert / tancat

....

خلاص/تړلی

silenciós / sorollós

....

غلی/لوړ غږ

ric / pobre

....

بډایه/غریب

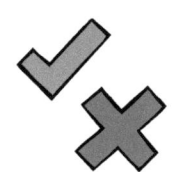

correcte / incorrecte

....

صحیح/غلط

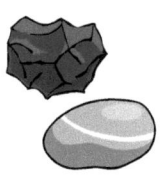

aspre / suau

....

زیږ/ملایم

trist / content

....

خفه/خوښ

curt / llarg

....

لنډ/اوږد

lent / ràpid

....

سست/ګړندی

humit / sec - eixut

....

لوند/وچ

calent / fred

....

ګرم/یخ

guerra / pau

....

جګړه/سوله

nombres

شميري

0	1	2
zero	u	dos
صفر	يو	دوه
3	4	5
tres	quatre	cinc
دري	څلور	پنځه
6	7	8
sis	set	vuit
شپږ	اوه	اته
9	10	11
nou	deu	onze
نهه	لس	يولس

12

dotze

دولس

13

tretze

دیارلس

14

catorze

څوارلس

15

quinze

پنځلس

16

setze

شپارس

17

disset

وولس

18

divuit

اتلس

19

dinou

نولس

20

vint

شل

100

cent

سل

1.000

mil

زر

1.000.000

milió

میلیون

llengües

ژبې

anglès

انکلسي

anglès americà

امریکایی انکلسي

xinès mandarí

چینایی مندرین

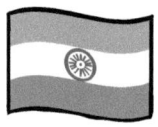

hindi

هندي

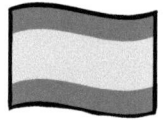

espanyol

هسپانوي

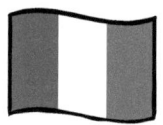

francès

فرانسوي

àrab

عربي

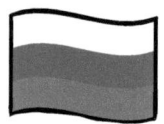

rus

روسي

portuguès

پرتکالي

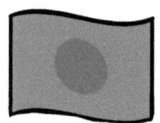

bengalí

بنکالي

alemany

آلماني

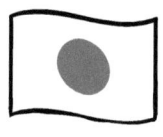

japonès

جاپاني

jo

زه

tu

ته

ell / ella / allò

هغه/دغه/دا

nosaltres

مونږ

vosaltres

تاسي

ells

دوی/هغوی

qui?

څوک؟

què?

څه؟

com?

څنګه؟

on?

چیری؟

quan?

کله؟

nom

نوم

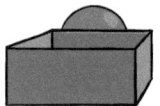

on

چيرې

darrere

شاته

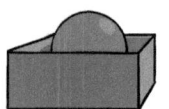

en

په

davant de

په مخه کې

damunt

باندې

sobre

په

sota

لاندې

al costat

برسيره پر

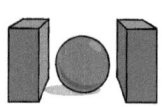

entre

ترمينځ

lloc

ځای